PHIL BOSMANS

Blumen des Glücks
musst du selbst pflanzen

Mit Fotografien von
Jutta Schneider und Michael Will

HERDER
FREIBURG · BASEL · WIEN

Phil Bosmans gründete vor über vierzig Jahren den „Bund ohne Namen“, der sich in vielen Ländern menschlich und sozial engagiert. Seine Bücher haben weltweit eine Gesamtauflage von etwa zehn Millionen. Seine Werke erscheinen auf Deutsch im Verlag Herder.

Nähere Informationen über die Kontaktadresse:
Bund ohne Namen e. V.
Postfach 154, 79001 Freiburg im Breisgau
www.bund-ohne-namen.de

In der Weisheit wohnt das Erkennen zusammen mit der Liebe.

Worte wie Blumen

Ein treffendes Wort ist wie ein Funke,
der aufblitzt, wenn Erkennen und Liebe,
Geist und Herz zusammentreffen.
Wenn man Menschen
auf den Wegen ihres Lebens begleitet,
wenn man ihnen zuhört und ihrer tiefsten Not,
dann wachsen Worte am Wege wie Blumen.
Man kann sie pflanzen, man kann sie pflücken.
Solche Worte trägt man bei sich,
solche Worte bringt man heim.
Sie gehen von Mund zu Mund
und nehmen Wohnung im Herzen.

Leg Blumen bereit!

Sag: Wo sind die Blumen geblieben? Die Blumen der Freude am Leben, die Blumen der glücklichen Dinge im Leben? Wo ist davon die Rede in der Tagesschau, in der Tageszeitung, in den Tagesgesprächen? Sie sind erstickt und gestorben in der Lawine von Hass- und Gewaltnachrichten, von Mord- und Skandalgeschichten. Niemand hat diese Blumen gesehen. Niemand hat von ihnen gehört.

Sag: Wo sind die Blumen geblieben? Die Blumen der kleinen Aufmerksamkeiten, dass man aneinander denkt? Die Blumen der Freundlichkeit, die uns fröhlich machen, die Blumen der Geborgenheit, die wir einander schenken? Sie sind eingegangen an unserem Egoismus, verkümmert an unserer Verschlossenheit. Sie wurden zertreten beim kalten Krieg in unseren vier Wänden.

Warum haben so viele Menschen nichts vom Leben?
Weil keiner da ist, der ihnen beisteht. Weil sie kein Zeichen sehen, dass sie einer mag. Hier ist dein Herz, und da ist ein Mensch, der dich braucht:
Leg Blumen bereit!

Glück kannst du nicht kaufen.
Liebe gibt es nur umsonst.

B

Blumen haben keine Hände.
Sie wachsen und blühen.
Sie geben, was sie sind:
Schönheit und Freude.

Sie greifen nach nichts.
Sie nehmen sich nichts,
ausgenommen die Sonne,
und die scheint für alle.

Ein Stück Himmel auf Erden: wo die Menschen füreinander blühen wie Blumen.

Blumen, die von Herzen kommen

Das sind Blumen, die von Herzen kommen:
ein Lächeln,
ein freundliches Wort,
eine kleine Geste.

Diese Blumen erzählen die wunderbare Geschichte
von einem Stückchen Himmel auf Erden,
wo die Menschen füreinander Engel sind,
die helfen und Mut machen,
wo alle Ängste, Schmerzen und Tränen
ihren Trost finden.

Glückliche Menschen

Ich habe das Glück gesucht,
woran es liegt, dass Menschen glücklich sind,
wo der Grund für das Glück liegt.

Und das habe ich herausgefunden:
Der Grund liegt nicht im Geld, nicht im Besitz,
nicht in der Arbeit, nicht im Nichtstun,
nicht im Leisten, nicht im Genießen.

Bei glücklichen Menschen
fand ich immer als Grund
eine tiefe Geborgenheit,
spontane Freude an kleinen Dingen
und eine große Einfachheit.

Sieh in den Himmel und singe,
weil dir die Sonne umsonst scheint.

Das glückliche Herz

Das Glück hat nicht viel zu tun mit Reichtum und Besitz. Das Glück kommt niemals per Postscheck und Girokonto. Kaufen kannst du Unterhaltung und Freizeitgestaltung, aber ein zufriedenes, freies Herz, das erst Freude an dem schenkt, was du alles hast, das kannst du nicht kaufen, niemals und nirgendwo. Es ist unbezahlbar!

Sieh die Lerche, wie sie hoch am Himmel singt.
Weißt du warum? Weil sie keine Miete zahlen muss.

Wie die Sonne

Jeden Morgen zündet die Sonne über der Welt ihr Licht an. Die Sonne ist für viele das Gewöhnlichste von der Welt. Und dabei wirkt sie Wunder Tag für Tag. Sie weckt den Frühling. Sie lockt aus den Bäumen das junge Grün und zaubert bunte Blumen auf die Wiese.

Jeden Tag fängt sie aufs Neue an und niemals wird sie müde. Licht und Feuer macht sie an – für mich. Gegen Wolken geht sie an – um mich zu sehen, um mir einen guten Tag zu wünschen. Des Nachts ist sie am anderen Ende der Erde, um den Menschen auch dort ihr Licht zu schenken.

Nehme ich die Sonne weg, wird es finster und kalt.
So ist es mit der Liebe. Geht die Liebe auf in meinem Leben, dann wird es hell und warm. Geht die Liebe unter in meinem Leben, dann wachsen die Schatten:

Die Liebe ist wie die Sonne.
Wer Liebe hat, dem kann vieles fehlen.
Wem die Liebe fehlt, dem fehlt alles.

Angewohnheiten

Sich etwas abzugewöhnen, dazu ist man nie zu alt.
Und wer schafft das?
Wer seine Mitmenschen so gern hat, dass er ihnen mit seinen schlechten Angewohnheiten nicht auf die Nerven gehen möchte.
Das ist ein schweres Stück Arbeit, man braucht dazu einen langen Atem. Man ist nie zu alt dazu, doch wer zu lange wartet, dem könnte am Ende die Luft dazu ausgehen.
Etwas Schönes dazulernen macht Spaß.
Etwas Schlechtes verlernen macht Mühe.
Dinge verlernen, die sich eingefressen haben:
eine verkehrte Gewohnheit,
eine hässliche Warze in deinem Charakter,
eine krumme Linie in deinem Leben.

Nur Mut:
Auch dumme Gewohnheiten
lassen sich verlernen.

Anders werden

Wir leben in einer seltsamen Welt.
Kommen Schwierigkeiten und läuft alles schief,
dann heißt es sofort:
„So darf das nicht weitergehen!
Es muss anders werden."
Und jeder tut sein Bestes,
damit die anderen anders werden ...
Diese Mühe kannst du dir sparen.
Es muss anders werden? Ganz klar:
Ich muss anders werden!
Denn sehr viele Schwierigkeiten
lassen sich nur so lösen:
Selber anders werden! Selber besser werden!

Morgen? – Heute!

Was du brauchst

Du suchst Bequemlichkeit, du suchst Entspannung in netter Atmosphäre. Und du beginnst zu kaufen und zu kaufen, weil du vielleicht mehr in deiner Brieftasche hast als in deinem Kopf und in deinem Herzen.
Du kaufst alte Möbel und schwere Vorhänge und schöne Teppiche. Du suchst Behaglichkeit: eine Sitzecke, eine Fernsehecke, eine Essecke. Ein Druck auf den Knopf, und du hast alles, was du dir wünschen kannst. Warum siehst du nicht glücklich aus? Warum lachst du so wenig und bist du so nervös? Warum lassen dich die Dinge letztlich so unbefriedigt und so leer?
Weil sie tote Dinge sind. Sehr praktisch vielleicht und sehr bequem. Dinge, die du gebrauchen kannst, aber mit denen du niemals ein Gramm Liebe eintauschen kannst.

Was du brauchst, ist Liebe.
Aber Liebe kannst du nicht kaufen.
Liebe, für die du bezahlst,
ist keine Liebe mehr.

Was bin ich ohne die anderen?

Leben ist Leben mit anderen!
Leben mit anderen heißt:
Mit ihnen kann ich alles teilen.
Ihnen darf kein Leid durch mich geschehen.
Ich kann sie annehmen,
ich kann sie anerkennen,
ich kann gut zu ihnen sein.
Ohne die anderen ist Leben,
Lieben, Glücklichsein eine Utopie.
Mein Leben kann sich nur entfalten mit anderen.
Ich brauche die anderen nicht nur,
weil ich auf sie angewiesen bin
und sie so viel für mich bedeuten.
Ich brauche sie auch,
weil ich so viel für sie tun kann.

Durch tausend Fäden
sind wir miteinander verbunden.
Ein Leben hängt am anderen.

Hinter jedem Gesicht

Mit Dingen kann man notfalls so umgehen: Papier zerreißen, Holz spalten, Glas zerschlagen. Auch wenn es manchmal weh tut, zu sehen, wie die Dinge behandelt werden. Aber mit Menschen kann nur umgehen, wer sie gern hat.
Vielleicht bist du in der Verwaltung und hast mit Akten zu tun, aber nie ahnst du dahinter ein menschliches Gesicht. Vielleicht arbeitest du in einem Betrieb, doch die Menschen um dich sind für dich nur ein Produktionsfaktor. Vielleicht bist du in einem Büro oder Geschäft, aber den ganzen Tag entdeckst du keinen Menschen, nur sprechende Puppen, ferngesteuerte Marionetten.

Entdecke hinter jedem Gesicht
den Menschen.

Gestern: schon vorbei.
Morgen: kommt erst noch.
Heute: der einzige Tag,
den du in der Hand hast.
Mach daraus deinen besten Tag!

Heute

Heute: Das ist der Tag,
um glücklich zu sein!
Kein anderer Tag
ist dir gegeben
als der Tag von heute.
Heute musst du leben,
heute musst du fröhlich
und zufrieden sein!

Hab die Menschen gern, so wie sie sind. Andere gibt es nämlich nicht.

Hab die Menschen gern:
die kleinen und die großen,
die lustigen und die ernsten,
ob sie schwach sind oder stark,
unscheinbar oder einflussreich,
sympathisch oder unsympathisch.
Deine Liebe wird ihnen gut tun.
Du merkst es ja auch, wenn einer dich mag.
Dann ist er nett zu dir
und kümmert sich um dich.
Die Welt ist wie verwandelt,
es ist ein schöner Tag.
Den anderen geht es genau so,
wenn du sie magst.

Ich habe Augen, um die anderen zu sehen,
Ohren, um sie zu hören,
Füße, um zu ihnen zu gehen,
Hände, um sie ihnen zu geben,
und ein Herz, um sie zu lieben.

Um in dieser Welt glücklich zu sein,
brauchen wir Einfachheit.

Einfach Mensch sein

Lasst uns aus jedem Jahr ein „Jahr des Menschen“ machen. Ein Jahr des ganz gewöhnlichen Menschen an ganz gewöhnlichen Tagen unter ganz gewöhnlicher Sonne. Unsere Welt ist so voll von unverständlichen, undurchsichtigen, überflüssigen Sachen. Tag für Tag werden neue Probleme durch die Medien über uns ausgeschüttet. Die unwahrscheinliche Geschwindigkeit, mit der Informationen elektronisch verbreitet werden, fasziniert die Menschen und macht sie gleichzeitig schwindlig.

Stell dich jeden Morgen mit beiden Beinen auf unsere gute, alte Erde und sage dir: „Lieber, guter Morgen! Ich bin froh, dass ich da bin, dass die Sonne da ist, dass ich die Menschen mag, dass es trotz allem Dunkel so viel Gutes gibt, dass ich nur wenig brauche, um auf meinem Weg glücklich zu sein.“

Beschneiden

„Gebt dem Starken die Freiheit, stärker zu werden.
Gebt dem Reichen die Freiheit, reicher zu werden.
Dann bekommen die Schwachen und die Armen
zwar immer weniger Gerechtigkeit,
aber für sie fallen immer größere Krümel ab."
Das ist die Krümeltheorie der Weltwirtschaft.
Sie hat viele Vertreter in Theorie und Praxis.

*Man muss die großen Bäume beschneiden
dürfen, um den kleinen Pflanzen
Licht, Luft und Leben zu geben
und das bisschen Sonne,
das jeder ohne Ausnahme braucht.*

Keine Fremden

Wir sind empört über Gewalt in fremden Ländern – und wollen mit Fremden bei uns nichts zu tun haben. Menschen verlassen ihre Heimat, weil dort unmenschliche Lebensbedingungen herrschen: Hunger, Arbeitslosigkeit, Verfolgung. Die Hoffnung auf eine bessere Zukunft treibt sie in ein fremdes Land. Die meisten verlassen ihre Heimat mit blutendem Herzen. Wie nehmen wir sie auf?

Fremde, die zu uns kommen, um Sicherheit zu finden, um zu arbeiten und ihren Lebensunterhalt zu verdienen, sollen sich zu Hause fühlen können. Sie haben ein Recht auf Gastfreundschaft und Hilfe. Wir müssen den Fremden Antwort geben – vor allem mit unserem Herzen!

Viele bei uns denken so:

Wer nicht zu meiner Familie gehört, zu meinem Freundeskreis, zu meinem Verein, zu meiner Partei, der ist mir egal, das ist ja nur ein Asylant.

So machen wir Fremde zu Feinden.

Fremde Menschen.
Alles meine Brüder und Schwestern!

Ohne Perfektionismus

Der Mensch ist keine Maschine. In keinem Mechanismus geht er auf. In keine Formel fängt man ihn ein.

1 + 1 = 2 mag mathematisch richtig sein, doch beim Menschen stimmt das nicht. Der Beste bringt es in seinem Leben höchstens auf 1,9 oder 1,8.

In unserer Computerzeit besteht die Gefahr, dass Menschen wie Computer behandelt werden, die perfekt nach Programm ablaufen müssen. Aber Menschen sind keine Roboter. Sie sind unendlich mehr wert.

Wenn einer weniger erreicht, darf ich mich nicht wundern und nicht anfangen, ihm Vorwürfe zu machen.

Wenn einer sich bemüht und sein Bestes gibt, muss ich das anerkennen, auch wenn das Ergebnis nicht wie erwartet ist. Wenn das elektronische Zeitalter die Schwachen in der Gesellschaft bedroht, müssen sich Menschen gerade ihnen umso liebevoller zuwenden.

Miteinander Mensch sein,
miteinander glücklich sein.
Auch wenn der andere
ein Mensch ist
mit gebrochenen Flügeln.

Täglich miteinander leben

Ich stelle mir immer wieder die Frage: Warum halten die Menschen die Liebe nicht durch? Warum ist es so schwer, wenn man täglich miteinander lebt? Ich glaube, dass wir uns selbst zu gern beschwindeln. Wir beschwören, den anderen zu lieben, und lieben in Wirklichkeit doch vor allem uns selbst, unser eigenes Ich.

Man verlangt vom anderen zu viel. Der andere soll freundlich sein. Der andere soll mich bewundern und mich auf Händen tragen. Er darf keine schlechten Launen und keine schwachen Seiten haben. Wehe, wenn er mich kritisiert! Die kleinste Enttäuschung, und mein Herz ist tief geknickt.

Wir denken zu wenig daran, was wir dem anderen schuldig sind, was wir ihm geben können, was wir für ihn tun können. Sage nicht zu schnell: „Du liebst mich nicht", solange du nicht selbst alles gegeben hast.

Menschen macht es größte Mühe, einander ein Leben lang zu lieben. Das ist auch in der Ehe so. Nach einer ersten Lawine der Beteuerungen von Liebe bis zum Tod kommt die nüchterne Feststellung, dass man doch nicht jeden Tag aufgelegt ist, füreinander zu sterben.

Das schönste Geschenk

Ich kenne viele Menschen und die Geheimnisse vieler Menschen. Aber keine zwei Menschen sind gleich. Jeder ist eine Welt für sich, deren tiefster Kern anderen fremd bleibt. Nur wenn ich begriffen habe, dass der andere anders ist, und wenn ich bereit bin zu vergeben, ist Zusammenleben möglich.
Hast du Frieden, Frieden mit deiner Familie, deiner Nachbarschaft, deinen Arbeitskolleginnen und -kollegen? Oder hat es Streit gegeben?
Sind da Menschen, die dich geärgert, die dir Unrecht getan und dich tief verletzt haben? Vielleicht der eigene Mann, die eigene Frau? Der Sohn oder die Tochter? Dann ist in deinem Innersten eine große offene Wunde.

Ich möchte dich um etwas bitten, was sehr schwer ist: Schenk Vergebung! Sag nicht: „Das ist unmöglich. Ich habe für den anderen alles gemacht und getan und alles gegeben. Jetzt ist Schluss."
Ach, du hast noch nicht alles gegeben. Du gibst erst alles, wenn du Vergebung schenkst.

Vergebung ist die schönste Gabe.
Sie ist ein göttliches Geschenk.

An der Tür,
die die Vergangenheit schließt,
steht nur ein Wort: Vergebung.

Der erste Schritt

Was ich am schwersten geben kann, muss ich als Erstes geben: vergeben. Immer wieder aufs Neue vergeben. Wenn ich aufhöre zu vergeben, steht sofort eine Mauer da. Und eine Mauer ist der Anfang von einem Gefängnis.

Es gibt so günstige Gelegenheiten, Frieden zu schließen, Streit auszuräumen. Ich habe so oft Gelegenheit, ein Geschenk zu machen, ein Kärtchen zu schicken, jemanden einzuladen zum Zeichen, dass ich ihm wieder gut sein möchte. Wenn der erste Schritt – der schwerste – gemacht ist, wird der Rest ein Fest. In der Vergebung schließen sich die Wunden, und die Liebe blüht auf.

Wenn wir daran denken, was Menschen alles mit Menschen machen, was Menschen alles mitmachen, was Menschen voneinander zu ertragen haben, dann gibt es keinen anderen Weg zum Frieden als Vergebung. Jedes Wort und jede Geste, die Vergebung schenkt, trägt zum Frieden unter Menschen bei.

Menschen denken anders, handeln anders, empfinden anders, sprechen anders. Nimm es hin, dass andere anders sind. Sei vorsichtig mit deinen Reden.
Worte sind mächtige Waffen, die viel Unheil stiften können. Worte, die voll sind von Nörgelei, von Hass und von dem Ziel, andere fertigzumachen, bringen Menschen auseinander. Sie stiften Unfrieden und führen zu Gewalt. Ein hartes Wort, ein scharfes Wort – das kann tief verletzen und im Herzen lange weh tun und Narben hinterlassen. Wo Worte zu Waffen werden, stehen sich Feinde gegenüber.
Worte, die voll sind von der Kraft der Liebe, bringen Menschen zusammen. Sie lösen Freude aus, sie machen Menschen neu und schaffen eine bessere Welt.
Ein Wort, das eindringt ins Herz, verändert das Herz. Ein Wort im richtigen Augenblick ist wie Brot zum Überleben. Worte können Licht sein, versöhnen, einander näher bringen, Frieden stiften.

Jedes Wort ist wie eine Geburt.

Das Leben ist viel zu kurz
und unsere Welt viel zu klein,
um ein Schlachtfeld daraus zu machen.
Sei liebevoll mit deinen Worten!

Was schwer zu lernen ist: etwas Gutes sagen oder still sein.

Pflegst du, wenn du über andere redest, vor allem über ihren schlechten Seiten zu reden? Dann stimmt etwas nicht, dir fehlt etwas, deine Augen sehen schlecht. Dann will keiner mit dir zusammenleben und zusammenarbeiten. Wenn du aber an anderen vor allem das Gute siehst und darüber redest, dann hat man dich gern und sucht deine Nähe. Selbst dein Nachbar ist besser, als du denkst.

Willst du glücklich sein mit deinem Lebenspartner, dann rede über alles Gute, das sich an ihm findet. Bist du überzeugt, dass der andere eigentlich neunundneunzig schlechte Seiten hat und nur eine gute? Dann rede über diese eine gute Seite, und ganz von selbst kommen neue hinzu.

Teilen

Jeder weiß es:
Leblos liegen Menschen halbtot vor Hunger auf der gleichen
Erde, auf der wir uns wohlgenährt bewegen.
Jeden Tag. Gestern, heute, morgen.
Sie können nicht arbeiten,
weil sie nichts zu essen haben.
Sie werden krank, weil sie nichts zu essen haben.
Sie sterben jung, weil sie nichts zu essen haben.
Millionen ist der Tod ins Gesicht
und auf den Leib geschrieben.

Viele denken:
„Lasst mich in Ruhe mit den Millionen von Hungertoten, mit den ausgemergelten Kindern, den verzweifelten Müttern. Ich weiß, dass es Hunger gibt, schrecklichen Hunger; dass es Unwissenheit gibt, Krankheit, Armut, Elend, Not. Ich weiß, dass es Menschen gibt, die noch leben könnten, wenn sie ein Stück meines Wohlstands hätten. Aber ich kann es nicht mehr hören, nicht mehr sehen, nicht mehr lesen."

Solange Menschen an Hunger sterben, so lange bleibt er eine offene Wunde der Menschheit. Wir hätten – sagen die Experten – die Möglichkeiten, den Hunger aus der Welt zu verbannen. Das wird uns aber erst an dem Tag gelingen, an dem wir, die Menschen der reichen Länder, so viel Herz und so viel Liebe entwickeln, dass wir uns mehr um das Leben der Armen kümmern als um Ausflüge in den Weltraum und um noch perfektere Waffensysteme.

Sie sind zu arm. Wir sind zu reich. Leben heißt: geben und nehmen. Wir nehmen zu viel! Nicht so viel reden. Etwas tun!

Ein Prozent Hilfe ist mehr
als hundert Prozent Mitleid.
Teile dein Brot,
und es schmeckt besser.
Teile dein Glück,
und es wird größer.

Zeige ihnen dein Herz,
ihr Glück liegt in deinen Händen.

Denkst du an sie?

Du bist sozial engagiert.
Du setzt dich ein für Mitmenschlichkeit.
Wie ist eigentlich dein Verhalten
zu deinem Vater und deiner Mutter?

Redest du mehr über sie als mit ihnen?
Redest du nur über ihre Krankheiten,
über ihre altmodischen Ansichten,
über Rente, Wohnung und Versicherung?
Hörst du zu, wenn sie erzählen?
Spüren sie, dass du sie gern hast und ihnen dankbar bist?
Oder sind sie für dich Fremde geworden, vielleicht sogar Feinde?
Behandelst du sie wie Menschen, die abgeschrieben sind?

Wer Vater und Mutter vergisst,
wer seine Herkunft vergisst,
der hat auch selbst keine Zukunft.
Du sollst den Eltern danken
und sie nicht abdanken lassen.
Denk daran:
Auch du wirst einmal – alt.

Im Alter

Unsere Gesellschaft taxiert Menschen nach ihrem Marktwert: Was kann ich ihnen alles anbieten, um daran möglichst viel zu verdienen? Wenn dann nichts mehr zu holen ist, werden Menschen abgeschrieben – wie veraltete Maschinen. Wohin in einer reinen Wirtschaftswelt mit verbrauchten Menschen? Werden Menschen alt und gebrechlich, sieht man sie oft nur durch die Problembrille: Wo bringen wir sie unter, wie werden sie versorgt – und wie stören sie uns am wenigsten?

Hochentwickelte Kulturen hatten vor älteren Menschen immer große Ehrfurcht. Oft hatten die Ältesten am meisten zu sagen. Wann sagen wir einmal: Wunderbar, dass du da bist!? Was können Ältere nicht alles für die Familie bedeuten, für die Freunde und Bekannten, für das Leben in jeder Gemeinschaft – manchmal allein durch ihre stille Gegenwart! Nicht selten sind es Menschen voller Lebensweisheit und Humor.

Wie heilsam können alte Menschen für uns sein:
Sie kennen den Lauf der Welt.
Wie kostbar können alte Menschen sein:
Sie bringen uns den wahren Wert der Dinge bei.
Sie machen sich keine Illusionen mehr.
Sie sehen tiefer; sie durchdringen das Äußere.
Sie spüren, was seinen Wert von innen hat.

Dort hast du an deiner Arbeit
die tiefste Freude,
wo du etwas für andere tust,
einfach so, ohne an dich zu denken,
nur weil du es schön findest.

Quelle der Freude

Ein Wirtschaftsexperte sagte mir: „Ich habe immer vertreten: Gute Bezahlung für gute Arbeit. Aber jetzt entdecke ich den unersetzlichen Wert der unbezahlten Arbeit." Auf einmal wird die ehrenamtliche Arbeit von den Politikern in den höchsten Tönen gepriesen. Geschieht es wirklich aus ehrlicher Liebe zu den Menschen und aus reiner Freude an der Arbeit? Oder hat auch das nur wirtschaftliche Gründe, weil in den öffentlichen Kassen kein Geld mehr ist? „Von nichts kommt nichts", sagen die Leute. Man hält es nicht für möglich, dass einer dem anderen etwas Gutes tut, ohne dafür eine Gegenleistung zu erwarten.

Wir kamen gratis auf die Welt, uns wurde gratis so viel Gutes getan, darum sollen wir auch uns gratis für andere einsetzen. Wir müssen nicht für alles und jedes, für die noch so kleinste Tat, bezahlt werden. Die Leute sind sprachlos vor Überraschung, wenn man etwas für sie tut, ohne Geld und Dank zu erwarten, nur so.

In Frieden leben

Wenn ein Mensch stirbt, heißt es:
„Er möge ruhen in Frieden."
Aber solange ein Mensch lebt,
solange er noch widersprechen
und eine andere Meinung vertreten kann,
solange er von einer anderen Partei ist,
eine andere Sprache spricht
oder eine andere Hautfarbe hat,
solange ein Mensch im Wege stehen kann,
weil er ein Querkopf oder sie eine Kratzbürste ist,
so lange scheint Frieden eine unmögliche Aufgabe.

Es sieht so aus, als ob „In Frieden ruhen"
einfacher wäre als „In Frieden leben".

Wutausbrüche

Mit Wörtern der Wut kannst du ein dickes Buch füllen, mit Wörtern der Sanftmut eine kleine Seite. Der Bedarf an Schimpfwörtern scheint unerschöpflich, und dabei ist ihr Gebrauch so ungesund.

Gehst du leicht in die Luft?

Packt dich schnell die Wut?

Wenn du lange leben willst, musst du nicht so viel wütend werden. Wutausbrüche machen alles viel schlimmer. Sie verschärfen die Spannungen in der Ehe, in der Familie, in der Partnerschaft, im Bekanntenkreis, am Arbeitsplatz.

Ein Wutausbruch ist wie ein Erdbeben. Alles gerät ins Wanken. Hände werden zu Fäusten. Das Herz schlägt schneller, die Stimme überschlägt sich, alle Muskeln spannen sich zum Kampf. Adrenalin schießt durch den Körper. Wut erhöht den Blutdruck. Sei doch nicht so dumm! Wut ist die allerschlechteste Reaktion auf Ärger, Beleidigung, Provokation.

Du merkst, dass du wütend wirst?

Sieh zu, dass du dich schnell hinsetzt.

Noch besser ist Hinlegen.

Es ist sehr schwer, wütend zu werden – im Liegen.

I

Ich sehe Menschen gern.
Das ist mein Hobby.

Ich sehe Menschen gern

Menschen gern sehen, das heißt:
An Tagen der Freude
mit ihnen fröhlich
und guter Dinge sein.
In Stunden der Not
für sie eine helfende Hand
und ein tröstendes Herz haben.

Menschen gern sehen, das heißt:
Sich nicht selbst genügen wollen,
das Herz aufschließen
und Platz darin machen für andere.
Menschen mit reinen Augen anschauen
und mit einem reinen Herzen.

Menschen gern sehen, das heißt:
vom hohen Ross herabsteigen.

Geh auf die Menschen zu
mit einer zarten Hand,
denn Menschen
sind zerbrechlich.

Z

Zärtlichkeit

Menschen werden fertiggemacht
wegen Geld.
Menschen werden in den Schmutz gezogen
aus Eifersucht.
Menschen werden belogen
für die Karriere.
Menschen werden in die Zange genommen
aus Konkurrenz.

Verliebt. Ein wunderbares Gefühl.
Der Frühling im Herzen.
Alles wird anders, alles fängt an,
in den schönsten Farben zu leuchten.
Wer verliebt ist, findet alles schön,
denn auf einem Auge ist er blind geworden,
blind für die hässlichen Seiten des Lebens.

Es gibt viele Arten von Verliebtheit,
aber eine haben wir heute besonders nötig.
In unserer komplizierten Gesellschaft
tauchen täglich tausend neue Probleme auf.
Da brauchen wir ganz besonders:
Verliebtheit in einfache, alltägliche Dinge.

Eine offene Tür, ein gastlicher Tisch,
ein herzlicher Händedruck,
ein freundliches Lächeln,
das Aufblühen einer Blume,
das Zwitschern eines Vogels,
die Wolken, der Bach und der Berg
und der Sonnenschein.

Es ist wie die Liebe im Frühling:
Das Leben wird ein Fest,
wenn ich mich jeden Tag freuen kann
an den schönen, kleinen, alltäglichen Dingen.

Ich bin verliebt in einfache Dinge.

I

Ich freue mich, dass du kommst.
Du bist immer willkommen.
Ob wir uns wiedersehen oder nicht.

Gastfreundschaft

Gastfreundschaft: der Reichtum der armen und der einfachen Menschen! Der Arme in Nordafrika zum Beispiel wird dich in seine armselige Lehmhütte einladen und fortwährend sagen: Mein Haus ist dein Haus. Du musst da Tee trinken und essen. Wird es Abend, lässt er dich nicht gehen. Du musst da schlafen. Er wird die beste Matte für dich ausbreiten, und weiß Gott, wo er selber bleibt.
(Wenn dieser Arme dann nach Europa kommt, findet er in unseren Städten auf den Mauern die Parole: „Ausländer raus".)

Gastfreundlich sein heißt: jedem, der dir auf deinem Weg begegnet, dein Herz und dein Zuhause öffnen. Gastfreundschaft ist ein Angebot, das der andere wie selbstverständlich in Anspruch nehmen kann, so dass er sich geehrt, nicht gedemütigt fühlt. Gastfreundschaft ist die Einstellung der Offenheit, die Bereitschaft, sich mitzuteilen. Gastfreundschaft gehört zum Geheimnis des wahren Menschseins.

Freie Liebe

Unbegrenzte Freiheit ist die Freiheit
des Stärksten, des Dschungels.
Nicht solche Freiheit, sondern die Liebe
ist der höchste menschliche Wert.
Frei bist du, wenn du nicht mehr
von deiner Gier gefesselt wirst.
Frei bist du nur in der Liebe.

Geld, Genuss, Überfluss?
Was mache ich denn damit?
Was bin ich denn damit?
Eine große Null. Nichts!
Wenn die Liebe nicht zu Hause ist,
wird das Brot auf dem Tisch
ungenießbar!

Wenn ich die Liebe
nicht habe,
was habe ich dann?

Eine kleine Geste genügt.

Eine kleine Geste

Wenn ich alt bin
und meine Gesundheit verbraucht,
wenn die Rente zu klein ist
und ich mir nicht mehr helfen kann,
dann suche nicht nach großen Worten.

Wenn ich behindert bin
und darüber nicht hinwegkommen kann,
wenn ich schwerkrank bin
ohne Hoffnung auf Heilung,
wenn ich vor Schmerzen weinen möchte,
vor Sorgen um meine Familie,
dann suche nicht nach großen Worten.

Wenn ich verzweifelt bin über das,
was ich angerichtet habe
und was mir angetan wurde,
wenn ich keinen Ausweg mehr sehe,
wenn alles um mich und in mir Nacht ist,
wenn ich nur noch tot sein möchte,
dann suche nicht nach großen Worten.

Das Fest

Das Fest: Es wird die Freundschaft unter den Menschen gefeiert. Das Fest: Es wird die Liebe zwischen Mann und Frau gefeiert. Das Fest: Es wird das fröhliche Zusammensein von denen gefeiert, die sich gern haben.

Das Fest ist wie eine Oase auf dem langen Lebensweg. Der eintönige Lauf der Tage wird unterbrochen, man schöpft frische Kraft und neuen Lebensmut. Wir brauchen Feste.

Aber das Fest stirbt an Maßlosigkeit, an Verschwendungssucht, an jeder Flasche, die zu viel getrunken wird. Das Fest ist tot, wenn Leute mit scheinheiligen Mienen zusammensitzen, die sich in Wirklichkeit nicht ausstehen können. Feste feiern kann man nur mit Menschen, die man gern hat.

Ein Fest braucht nicht teuer zu sein, um ein herrliches Fest zu sein. Wo Menschen in herzlicher, fröhlicher Freundschaft miteinander erzählen und spielen, essen und trinken, dort ist immer ein Fest.

Jeder trägt zum Fest bei, und jeder freut sich an der kleinsten Gabe, weil jeder darin die Liebe spürt.

Einfache Feste sind einfach schöner.

Ich habe genug

Ich habe zwei Augen,
kostbar wie Diamanten,
und einen Mund,
um zu pfeifen,
und eine Gesundheit,
die ist nicht zu bezahlen.
Ich habe eine Sonne am Himmel
und ein Dach überm Kopf.
Ich habe Arbeit für meine Hände
und einen gedeckten Tisch,
um zu essen.
Und ich habe Menschen,
um zu lieben.

Das ist mir genug.

Jeder hat mal einen schlechten Tag. Da läuft nichts, da geht alles schief. Vielleicht hast du schon Tage erlebt, an denen du das ganze Leben satt hattest, an denen du sogar tot sein wolltest. Wenn alles schiefgeht, wenn sich nirgendwo ein Lichtblick zeigt, dann wird das Leben sehr schwer. Du fühlst dich völlig am Ende. Du kannst so verzweifelt sein, dass du diese ganze Welt und dieses ganze Leben, dass du alles verfluchen möchtest. In solchen Augenblicken darfst du niemals eine Entscheidung treffen. Hab Geduld mit dir selbst und warte, bis du wenigstens eine Nacht ein bisschen geschlafen hast. Wenn du an Gott glauben kannst, schau nach oben. Wenn du alle deine Karten restlos ausgespielt hast, hat er immer noch einen Trumpf in der Hand.

Es gibt gute und schlechte Tage.
Gute Tage gehen vorbei, das weißt du,
und das findest du schrecklich.

Aber schlechte Tage gehen auch vorbei!
Warum denkst du nicht daran,
und warum tröstet dich das nicht?

Ein fröhliches Herz –
und schon lacht die Sonne.

Nimm jeden Tag als Gabe entgegen,
als ein schönes Geschenk
und, wenn es geht, als ein Fest.

Jeden Tag Sonne

Steh morgens nicht zu spät auf.
Schau in den Spiegel, lach dich selber an
und sage zu dir selbst: „Guten Morgen!“
Dann bist du schon in Übung,
um auch anderen „Guten Morgen!“ zu sagen.
Wenn du die Zutaten von „Sonne“ kennst,
kannst du sie selber machen,
so gut wie das tägliche Essen.
Nimm eine große Portion Güte,
dazu einen ordentlichen Schuss Geduld,
Geduld mit dir selbst und mit anderen.
Vergiss die Prise Humor nicht,
um die Misserfolge zu verdauen.
Mische ein gehöriges Maß Arbeitslust hinein
und gieße über alles ein großes Lächeln,
und du hast jeden Tag Sonne.
Hab Mut wie die Morgensonne.
Trotz allem Elend in der Welt
steht sie jeden Morgen neu auf.

Heute leben

Der Tag von gestern,
alle Tage und alle Jahre von früher
sind vorbei, begraben in der Zeit.
An ihnen kannst du nichts mehr ändern.

Hat es Scherben gegeben?
Schlepp sie nicht mit dir herum!
Denn sie verletzen dich Tag für Tag,
und zum Schluss kannst du nicht mehr leben.

Es gibt Scherben, die wirst du los,
wenn du sie Gott in die Hände legst.
Es gibt Scherben, die kannst du heilen,
wenn du ehrlich vergibst.
Und es gibt Scherben,
die du mit aller Liebe nicht heilen kannst.
Die musst du liegen lassen!

Fang den Tag von heute
nicht mit den Scherben von gestern an!

Optimisten und Pessimisten

Du bist kein Pessimist, wenn du verzagst, weil in deinem Herzen eine offene Wunde schmerzt, weil eine Woge von Enttäuschungen dich niederschlägt. Du bist noch kein Pessimist, wenn du erschüttert wirst durch das unerträgliche Leid so vieler Unschuldiger, durch die Gewalt und das Unrecht in der Welt.

Pessimist ist einer, der ständig in der Dunkelkammer sitzt und immer nur Negative entwickelt. Wenn die Sonne scheint, sagt der Pessimist: Es wird schon wieder regnen. Wenn es gut geht, sagt der Pessimist: Es wird schon noch anders kommen. Ist einer lieb und freundlich, fragt der Pessimist immer: Was da wohl dahintersteckt?

Ein Pessimist sieht schlecht, weil er niemals schöne Dinge sieht. Ein Pessimist hört schlecht, weil er niemals gute Nachrichten hört. Er liebt Kälte mehr als Wärme. Er fühlt mehr Schmerz als Freude. Für ihn ist alles dunkel, trübe und tief traurig. Niemals dreht er die Medaille um. Pessimisten leben nicht, sie sind schon lange tot. Sie haben sich schon begraben lassen, noch bevor sie gestorben sind.

Du bist ein Optimist, wenn du nicht immer nur nach unten, siehst, auf die dunklen Seiten des Lebens. Das macht bloß blass und bedrückt und auf die Dauer krank. Optimismus ist die wunderbarste und die billigste Kur, um glücklich zu leben.

Optimist ist einer, dessen Geist gesund ist. Kein Geist der Gier, der sich nur noch über Lust, Luxus und Prestige freuen kann. Eine Freude, die mit der leeren Flasche, den letzten Tönen aus der Anlage oder dem letzten Kuss am Ende ist, ist keine wahre Freude. Wahre Freude hat tiefere Wurzeln. Sie wächst aus dem Geist der Liebe, der wie von Herz zu Herz wie eine Flamme überspringt.

Sieh auch die sonnigen Seiten des Lebens.
Sei optimistisch!
Optimisten leben länger.

Einfach Mensch sein, einfach leben!

Was bringt's?

Die Menschen leben immer länger, aber sie werden nicht immer glücklicher. Zuerst arbeiten sie, um zu leben, und zuletzt arbeiten sie und vergessen zu leben. Wir leben in einer Kosten-Nutzen-Zeit. Die Menschen fragen: Wie hoch sind die Kosten? Wie hoch ist der Nutzen? Was bringt's? Man berechnet die Produktivität und die Rentabilität. Laufend wird kalkuliert. Und man vergisst, dass man die Schönheit des Lebens in Augenblicken findet, da man nicht rechnet, da man einfach Mensch ist.

Du bist keine Maschine, konstruiert für bestimmte Zwecke. Du bist mehr als deine Funktion, mehr als dein Posten. Du bist an erster Stelle Mensch, um zu leben, um zu lachen, um zu lieben, um ein guter Mensch zu sein.

Einfach leben, nicht alles haben wollen, nicht neidisch sein, nicht jammern, Mut machen, Kranke besuchen, da sein, wenn ich gebraucht werde, auf andere zugehen, sich für andere einsetzen, miteinander essen und trinken ... Und das alles nicht, weil du musst, sondern weil du es gern tust. Weil du Mensch bist, weil du lebst.

Komm heraus ins Freie

Wenn ich manche Menschen sehe, ihr Gesicht, ihre Augen, ihre ganze Haltung, dann muss ich an verriegelte Türen, an verschlossene Fensterläden denken, an ein Haus mit dem Schild: Zutritt verboten! Manche Menschen leben wie in einem Gefängnis, in dem sich selbst eingesperrt und dessen Gitter sie selbst gemacht haben, Gitter der Unzufriedenheit und Wehleidigkeit, der Enttäuschung und Verbitterung.

Komm heraus aus dir selbst, aus deinem eigenen Ich. Öffne die vergitterten Fenster und die verriegelten Türen. Werde offen für das Geheimnis des Lebens, für die Wunder um dich herum. Komm heraus aus der Finsternis, aus der Luft des Materialismus, in der man erstickt, aus der krankmachenden Sucht nach immer mehr, aus dem ständigen Kreisen um Probleme und um sich selbst. Mach dich auf, öffne dich für die Freude, für das Lied, für das Wunder, dass du lebst.

Komm ans Licht wie eine Blume.
Komm heraus ins Freie,
ins Leben, zu den Menschen.

Den Morgen erleben!

Viele Menschen sehen meistens schrecklich müde aus. Widerstrebend gehen sie in den neuen Tag. Lauter lustlose Gesichter. Sie sind willige Opfer eines verkehrten Lebensstils, der die Nacht zum Tage macht und die Gesundheit ruiniert.

Was die Sonne für den Tag und das Grün für den Frühling und die Kälte für den Winter, das ist der Schlaf für die Nacht. Du bist ein Stück Natur, ihr Lebensrhythmus ist in dir. Dieser Rhythmus wird zerstört, wenn du dir nachts die Augen mit künstlichem Licht verdirbst, um tags beim Sonnenschein zu schlafen. Dann erlebst du niemals das Wunder des neu anbrechenden Tags, den frühen Morgen mit dem ersten Licht und der herrlich frischen Luft und den stillen Straßen.

In der Morgenfrühe singen die Vögel, später beginnen die Menschen mit Lärm. Wer morgens schläft, verschläft des Lebens schönste Zeit.

Urlaub

Die Urlaubskarawane:
vom nervenaufreibenden Arbeitsplatz voller Lärm
zum übervölkerten Strand voller Lärm,
zurück auf überfüllten Straßen voller Lärm
zum nervenaufreibenden Arbeitsplatz voller Lärm ...

Entspannung, Erholung, Friede: Wahrer Urlaub
wird nicht gemessen nach Straßenkilometern,
sondern nach den Stunden der Stille.
Das Urlaubsglück liegt in der erfüllten Freude.
Auf einem sonnigen Feldweg,
in einem lichtdurchfluteten Wald
kann es herrlicher sein als an fernen Stränden!

Wandern in der freien Natur.
Essen, wenn man Hunger hat.
Schlafen, wenn man müde ist.
Sprechen mit Blumen und Tieren.
Wunderbar und –
vollkommen gratis!

Näher, als du denkst, ist das Glück.

Mein Traum

Mein Traum: Wir sitzen alle im selben Boot. Wir müssen alle zusammen fahren. Ein herrlicher Traum! Warum muss ich aufwachen und ein schwarzes Schiff sehen, schwer zugerichtet und steuerlos? Warum muss ich verzweifelte Rufe hören nach Menschen, die ein Herz haben für die Menschen?

Mein Traum: Menschen, die zusammen fahren. Die Sonne tanzt am Himmel, die Fische tummeln sich im Meer. Alle Menschen – Geschwister im selben Boot: Schwache und Starke, Schwarze und Weiße, Große und Kleine, Arme und Reiche. Menschen, die zusammen fahren, auf demselben Meer der Welt, unter derselben Sonne, in demselben Wind.

Mein Traum: Da ist keiner mehr, der kaputtgemacht wird. Keiner wird mehr über Bord geworfen, keiner landet mehr im letzten dunklen Loch, um dort vor Hunger zu sterben. Es gibt keinen Krieg um die Kommandobrücke des Schiffes. Übers Deck laufen Leute mit einem Lied. An Bord dieses Schiffes ist jeder sicher und geborgen.

Jeden Tag neu

Neu bist du, wenn du staunst,
weil jeden Morgen Licht da ist.
Wenn du glücklich bist,
weil deine Augen sehen,
deine Hände fühlen,
deine Füße laufen.
Wenn du singst,
weil dein Herz schlägt.

Neu bist du, wenn du weißt, dass du lebst.
Wenn du dir bewusst machst,
dass heute der erste Tag
vom Rest deines Lebens beginnt.

Neu bist du, wenn du mit reinem Blick
auf Menschen und Dinge schaust,
wenn du noch lachen kannst,
wenn du dich freuen kannst
über die einfachen, kleinen Blumen
am Weg deines Lebens.

Übertragung aus dem Niederländischen: Ulrich Schütz
Bearbeitung: Ulrich Sander

Überarbeitete Neuausgabe 2014

www.herder.de

Umschlagmotiv: © Jasmina007 – iStockphoto.com
Fotografien im Innenteil: © Jutta Schneider und Michael Will
Gesamtgestaltung:
Tina Lechner Grafik & Buchdesign, Stuttgart

Herstellung:
Graspo CZ a.s., Zlín

Gedruckt auf umweltfreundlichem,
chlorfrei gebleichtem Papier

Printed in the Czech Republic

ISBN 978-3-451-32717-9